兒童文學叢書
・影響世界的人・

時空列車長

解釋宇宙的天才愛因斯坦

唐念祖／著

莊河源／繪

國家圖書館出版品預行編目資料

時空列車長：解釋宇宙的天才愛因斯坦／唐念祖
著;莊河源繪.－－二版二刷.－－臺北市: 三民,
2017
　　面；　　公分－－(兒童文學叢書. 影響世界的
人系列)

ISBN 978－957－14－3994－5　(精裝)

1.愛因斯坦(Einstein, Albert, 1879–1955)－傳記
－通俗作品

785.28

© 時空列車長
——解釋宇宙的天才愛因斯坦

著 作 人	唐念祖
繪　　圖	莊河源
發 行 人	劉振強
著作財產權人	三民書局股份有限公司
發 行 所	三民書局股份有限公司
	地址　臺北市復興北路386號
	電話　(02)25006600
	郵撥帳號　0009998–5
門 市 部	(復北店) 臺北市復興北路386號
	(重南店) 臺北市重慶南路一段61號
出版日期	初版一刷　2004年4月
	二版一刷　2013年10月
	二版二刷　2017年11月修正
編　　號	S 781151

行政院新聞局登記證局版臺業字第○二○○號

ISBN　978–957–14–3994–5　（精裝）

http://www.sanmin.com.tw　三民網路書店
※本書如有缺頁、破損或裝訂錯誤，請寄回本公司更換。

多彩多姿的世界

（主編的話）

　　小時候常常和朋友們坐在後院的陽臺，欣賞雨後的天空，尤其是看到那多彩多姿的彩虹時，我們就爭相細數，看誰數到最多的色彩——紅、黃、藍、橙、綠、紫、靛，是這些不同的顏色，讓我們目迷神馳，也讓我們總愛仰望天際，找尋彩虹，找尋自己喜愛的色彩。

　　世界不就是因有了這麼多顏色而多彩多姿嗎？人類也因為各有不同的特色，各自提供不同的才能和奉獻，使我們生活的世界更為豐富多彩。

　　「影響世界的人」這一套書，就是經由這樣的思考而產生，也是三民書局在推出「藝術家系列」、「文學家系列」、「童話小天地」以及「音樂家系列」之後，策劃已久的第六套兒童文學系列。在這個沒有英雄也沒有主色的年代，希望小朋友從閱讀中激勵出各自不同的興趣，而各展所長。我們的生活中，也因為有各行各業的人群，埋頭苦幹的付出與奉獻，代代相傳，才使人類的生活走向更為美好多元的境界。

　　這一套書一共收集了十二位傳主（當然影響世界的人，包括了形形色色的人群，豈止十二人，一二十人都不止），包括了宗教、哲學、醫學、教育與生物、物理等人文與自然科學。這一套書的作者，和以往一樣，不僅學有專精又關心下一代兒童讀物品質的良莠，所以在文字和內容上都是以深入淺出的方式，由作者以文學之筆，讓孩子們在快樂的閱讀中，認識並接近那影響世界的人，是如何為人類付出貢獻，帶來福祉。

　　第一次為孩子們寫書的龔則韞，她主修生化，由她來寫生物學家孟德爾，自然得心應手，不做第二人想。還有唐念祖學的是理工，一口氣寫了牛頓與愛因斯坦兩位大師，生又有趣。李笠雖主修外文，但對宗教深有研究。謝謝他們三位開始加入為小朋友寫作的行列，一起為兒童文學耕耘。

　　宗教方面除了李笠寫的穆罕默德外，還有王明心所寫的耶穌，和李民安所寫的釋迦牟尼，小朋友讀過之後，對宗教必定有較為深入了解。她們

兩位都是寫童書的高手，王明心獲得2003年兒童及少年圖書金鼎獎，李民安則獲得2000年小太陽獎。

　　許懷哲的悲天憫人和仁心仁術，為人類解除痛苦，由醫學院出身的喻麗清來寫他，最為深刻感人。喻麗清多才多藝，「藝術家系列」中有好幾本她的創作都得到大獎。而原本學醫的她與許懷哲醫生是同行，寫來更加生動。姚嘉為的文學根基深厚，把博學的亞里斯多德介紹給小朋友，深入淺出，相信喜愛思考的孩子一定能受到啟發。李寬宏雖然是核子工程博士，但是喜愛文學、音樂的他，把嚴肅的孔子寫得多麼親切可愛，小朋友讀了孔子的故事，也許就更想多去了解孔子的學說了。

　　馬可波羅的故事我們聽得很多，但是陳永秀第一次把馬可波羅的故事，有系統的介紹給大家，不僅有趣，還有很多史實，永秀一向認真，為寫此書做了很多研究工作。而張燕風一向喜愛收集，為寫此書，她做了很多筆記，這次她讓我們認識了電話的發明人貝爾。我們能想像沒有電話的生活會是如何的困難和不便嗎？貝爾是怎麼發明電話的？小朋友一定迫不及待的想讀這本書，也許從中還能找到靈感呢！居禮夫人在科學上的貢獻是舉世皆知，但是有多少人了解她不屈不撓的堅持？如果沒有放射線的發現，我們今天不會有方便的X光檢查及放射性治療，也不會有核能發電及同位素的普遍利用。石家興在述說居禮夫人的故事時，本身也是學科學的他，希望孩子們從閱讀中，能領悟到居禮夫人鍥而不捨的精神，那是一位真正的科學家，腳踏實地的真實寫照。

　　閱讀這十二篇書稿，寫完總序，窗外的春意已濃，這兩年來，經過了編輯們的認真編排，才使這一套書籍又將在孩子們面前呈現。在歲月的流逝中，這是多麼令人高興的事，我相信每一位參與寫作的朋友，都會和我有一樣愉悅的心情，因為我們都興高采烈的在一起搭一座彩虹橋，期望未來的世界更多彩多姿。

一個走在時代尖端的天才

（作者的話）

幾十年來，世界上每一個角落的人，都把愛因斯坦當作天才的代名詞。美國時代雜誌還選愛因斯坦為代表整個二十世紀的風雲人物。

每個人都知道愛因斯坦是個天才科學家。大多數人也聽過「相對論」是他發明的高深理論；原子彈的產生跟他有關。但是你可知道，家裡的電視、電影院裡的有聲電影、超級市場買東西的掃瞄器，一直到半導體、雷射和太空探險，都是其他發明家根據愛因斯坦在物理上的突出研究才發展出來的？

愛因斯坦提出的革命性物理理論，經過全世界頂尖的科學家多年的研究，發揚光大，就像原子的連鎖反應一樣，使人類的物質文明完全改觀。所以，說他是人類有史以來最具影響力的科學家，也不為過吧！

愛因斯坦這個人，真正是一般人想像中的樣子嗎？

雖然他二十幾歲就發表了舉世聞名的「相對論」，但是他一輩子都是一個和藹可親、毫無架子的讀書人。原子彈固然是由於他的推動而產生的，他其實是一個熱誠的和平主義者。以色列請他出任總統，他卻是一個連新聞記者都不願見的內向學者。他在物理上的研究，從無所不容的天文宇宙，到渺小細微的質子電子，都一絲不苟的仔細推敲，可是他對自己的日常生活，卻是完全心不在焉。

他出門旅行通常只帶一件行李。可是往往他還會把

1

行李忘了，由朋友幫他寄回。他穿衣最不講究，總是同樣幾件老舊的衣褲。愛因斯坦晚年時的一個年輕助理肯梅尼（當時才二十二歲），幾十年後作了達特茅斯大學校長，在一次聚會中，有位學生問他，愛因斯坦是不是一個怪異的人，肯梅尼追憶說：「沒錯，比如說他穿衣……」他忽然住口，因為肯梅尼發現，大多數在座的學生穿著都跟當年愛因斯坦一樣。所以他改口說：「我想愛因斯坦是走在時代的前端。」

確實，愛因斯坦是走在時代的前端。他全憑思考發明出來的理論，很多年後，才一一被實驗證明。比如說，1970年代，美國幾位科學家把一個極端準確的鐘用火箭射上太空。他們將它與在地面上一個完全相同的鐘比較。根據愛因斯坦的理論計算，在太空旅行的那一個鐘，經過一年的時間，應該會比地面上的鐘慢差不多分之一秒。事實證明了，愛因斯坦的理論是對的。

愛因斯坦這個天才，究竟是怎麼樣的一個人呢？

他如何在一個經濟拮据的家庭中成長，在呆板保守的教育中學習，還能擺脫環境的限制，提出空前的精深理論呢？讓我說給你聽吧！

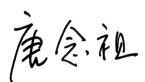

愛因斯坦

★ 是好奇心讓我思考研究，專心一致使我能完成理論的創作；更重要的，是我的童心啦熟。★

來去自如的時空列車

德瑞是個愛看書的孩子，每天晚上睡前都在床上讀一些他喜歡的書。這一個夏天的晚上也不例外，他正讀著愛因斯坦的傳記。他對愛因斯坦多彩多姿的一生很感興趣，不知不覺讀到了深夜。可是打了一下午球的他，終於累得睡著了。

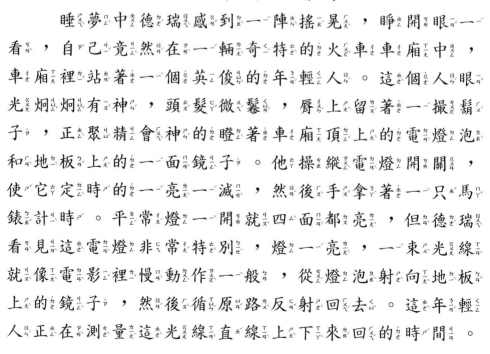

睡夢中德瑞感到一陣搖晃，睜開眼一看，自己竟然在一輛奇特的火車車廂中，車廂裡站著一個英俊的年輕人。這個人眼光炯炯有神，頭髮微鬈，脣上留著一撮鬍子，正聚精會神的瞪著車廂頂上的電燈泡和地板上的一面鏡子。他操縱電燈開關，使它定時的一亮一滅，然後手拿著一只馬錶計時。平常燈一開就四面都亮，但德瑞看見這電燈非常特別，燈一亮，一束光線就像電影裡慢動作一般，從燈泡射向地板上的鏡子，然後循原路反射回去。這年輕人正在測量這光線直線上下來回的時間。

3

　　年輕人在他的筆記本上記下一些數字後，火車停了下來。他招手要德瑞跟他一起下車，好奇的德瑞跟著下了車。火車再開動時，站在月臺上的德瑞只見那電燈的燈光，隨著火車的移動，變成從左上角往右下角方向照射，碰到鏡子反射時，往右上方斜線射回。

年輕人很滿意的笑了笑，轉過身來對德瑞說：「你知道這實驗是要證明什麼嗎？」

　　德瑞搖搖頭說：「我不知道。」年輕人很有耐心的解釋說：「在火車上的人看見光線上下來回一次經過的距離，比在火車外月臺上的人所見光線斜線旅行經過的距離要短，對不對？」德瑞想了想，一個是車廂高度的兩倍，另一個是兩條斜角線：「對。」

　　年輕人說：「光線上下來回一次的這個動作，在火車上的人見到光線經過的距離比較短，但光速應該是永遠不變的，所以這個過程的時間應該比較短；而對月臺上的人來說，發生的時間應該比較長。可是這同一件事，對同時在兩個地方的人怎麼會一長一短呢？唯一的解釋就是，時間本身有一個特別的性質，在火車上的錶要比在月臺上的錶跑得慢。」

　　德瑞無法相信的說：「那怎麼可能？」

　　年輕人說：「這種現象要在很快的速度下才看得出來。這一輛火車很特別，一般人從來沒機會看過，自然很難相信。」

德瑞忽然想起來他聽過的一個故事：假設有兩個雙胞胎兄弟，一個留在地球，另一個乘坐太空船，以接近光速的速度作太空旅行，很多年以後，回到地球上；留在地球上的這一位，會比太空旅行的那一位老很多。

德瑞跟那年輕人說：「這是不是愛因斯坦的相對論呢？」

那年輕人聽了，哈哈大笑起來：「哈哈哈！對！對！對！我就是愛因斯坦！」

德瑞吃驚的說：「怎麼可能？平常我看到愛因斯坦的照片或者漫畫，都是個滿頭亂髮的慈藹老教授。」愛因斯坦笑得更高興了：「哈哈哈！現在你看到的是年輕時候的我，歡迎你來搭乘我的時空列車。就跟我創造的相對論一樣，你可以在空間和時間裡隨意旅遊。只要跟著我，你會發現很多奇妙的知識。來來來！又有一輛時空列車來了，快跟我上車！」

德瑞上車前抬頭一看，月臺上的招牌寫的是：「瑞士，伯恩，1905年。」原來，這特別列車的每一站，既有空間的地點，又有時間的先後，是可以同時作歷史和地理的旅行呢！

成就豐富的黃金年代

　　火車一出站，德瑞看見窗外的伯恩是一個有很多美好建築的古城。一進城的路邊，還有一個露天的熊坑，裡面養著幾隻熊。一些遊客正在往下丟食物，逗著熊站起來討食。

　　愛因斯坦的眼神亮了起來，笑著對德瑞說：「你看牠們多可愛！這整個城市多可愛！我這一生最重要的成就和轉變，幾乎都是在這兒發生的。」

7

三年前，愛因斯坦二十三歲，為了申請瑞士專利局的工作，搬到伯恩來，剛開始就住在熊坑的附近。當時因為專利局方面沒有任何消息，生活成了問題，愛因斯坦便刊登廣告尋找擔任數學和物理家教的工作。

第一個應廣告而來的學生是蘇洛文。兩個人一見如故，愛因斯坦跟他討論物理上各種基本理論，常常欲罷不能。他跟蘇洛文說隨時歡迎他。後來第二個學生哈比赫也加入討論。三個人組成了一個讀書討論會，定名為「奧林比亞學院」。

這學院的名稱，是因為他們對當時大學學院的封閉風氣看不過，想諷刺它們而命名的。雖然三個窮青年手頭拮据，每次聚會只能吃最便宜的香腸、乳酪、餅乾，可是他們認真讀書，熱烈討論，常常徹夜不眠。有時候一個論點這次激辯沒有得到結論，下次見面再繼續討論。有時站在雨中，沒有雨衣，不打雨傘，照樣談論。雖然愛因斯坦沒有什麼收入，可是真理愈辯愈明，這些討論對他多年來思考的一些深奧理論的成形，有極大的幫助。

那年夏天，愛因斯坦終於進入瑞士專

利_{ㄌㄧˋ}局_{ㄐㄩˊ}工_{ㄍㄨㄥ}作_{ㄗㄨㄛˋ}。他_{ㄊㄚ}的_{ㄉㄜ˙}工_{ㄍㄨㄥ}作_{ㄗㄨㄛˋ}主_{ㄓㄨˇ}要_{ㄧㄠˋ}是_{ㄕˋ}對_{ㄉㄨㄟˋ}申_{ㄕㄣ}請_{ㄑㄧㄥˇ}專_{ㄓㄨㄢ}利_{ㄌㄧˋ}的_{ㄉㄜ˙}
文_{ㄨㄣˊ}件_{ㄐㄧㄢˋ}，一_ㄧ一_ㄧ仔_{ㄗˇ}細_{ㄒㄧˋ}研_{ㄧㄢˊ}究_{ㄐㄧㄡˋ}分_{ㄈㄣ}析_{ㄒㄧ}，確_{ㄑㄩㄝˋ}定_{ㄉㄧㄥˋ}發_{ㄈㄚ}明_{ㄇㄧㄥˊ}是_{ㄕˋ}獨_{ㄉㄨˊ}
立_{ㄌㄧˋ}創_{ㄔㄨㄤˋ}造_{ㄗㄠˋ}，前_{ㄑㄧㄢˊ}無_{ㄨˊ}先_{ㄒㄧㄢ}例_{ㄌㄧˋ}，才_{ㄘㄞˊ}能_{ㄋㄥˊ}獲_{ㄏㄨㄛˋ}得_{ㄉㄜˊ}專_{ㄓㄨㄢ}利_{ㄌㄧˋ}。他_{ㄊㄚ}對_{ㄉㄨㄟˋ}
這_{ㄓㄜˋ}樣_{ㄧㄤˋ}的_{ㄉㄜ˙}工_{ㄍㄨㄥ}作_{ㄗㄨㄛˋ}極_{ㄐㄧˊ}感_{ㄍㄢˇ}興_{ㄒㄧㄥˋ}趣_{ㄑㄩˋ}，雖_{ㄙㄨㄟ}然_{ㄖㄢˊ}薪_{ㄒㄧㄣ}水_{ㄕㄨㄟˇ}不_{ㄅㄨˋ}高_{ㄍㄠ}，工_{ㄍㄨㄥ}
作_{ㄗㄨㄛˋ}忙_{ㄇㄤˊ}碌_{ㄌㄨˋ}，可_{ㄎㄜˇ}是_{ㄕˋ}他_{ㄊㄚ}還_{ㄏㄞˊ}是_{ㄕˋ}樂_{ㄌㄜˋ}在_{ㄗㄞˋ}其_{ㄑㄧˊ}中_{ㄓㄨㄥ}。

　　那年秋天，愛因斯坦的父親病重，他趕到義大利米蘭他父親的病床前。幾天後他父親過世了，這打擊讓愛因斯坦難過了好幾年。他和父親的感情深厚，對父親不順利的水電生意，他很後悔沒有盡一點心力。他覺得父親是因為生意困難的生活壓力，造成的心力交瘁，積勞成疾。

第二年，他跟大學時代的女朋友米列娃結婚。一年後，兒子杭斯愛柏出生。雖然家裡有這麼多事發生，工作也很忙碌，可是愛因斯坦一直很認真的專注在他深感興趣的物理研究上。他對幾項物理現象最感興趣：絕對與相對的運動、電磁力場、原子的存在以及量子。

1905 年，這一個人類科學史上奇蹟的一年，愛因斯坦發表了五篇改變歷史的物理論文。

首先，他為了他的博士學位，需要交一篇論文。一天，他和好友貝索飲茶，討論要選擇什麼題目。當他攪拌茶的時候，覺得茶的濃度因為加糖而增加，這是否跟糖分子的大小有關係呢？當晚他細想這個問題，定出分子大小和濃度以及溶化速度的關係。

愛因斯坦把這題目寫成了一篇十七頁的論文，送給他在蘇黎士大學的指導教授克萊納。幾天之後，論文被退回，附了一張便條，說這論文太短。愛因斯坦很不高興，看來看去，覺得全文一點都沒錯，就在論文裡隨便加了一句話又送了回去。沒想到，克萊納教授這次竟然就接受了。

13

其他四篇論文包括：光的輻射和能量（愛因斯坦因為這一篇論文而得到諾貝爾物理獎）、一個測量原子大小的方法、細小物體在液體中的運動（布朗運動）以及最為重要的相對論。

他在短短的幾個月裡，寫出這麼多革命性的物理理論，這種天才表現，開始受到學術界的重視。幾年後，他想在大學裡教書和做研究的願望，終於實現了。

德瑞問愛因斯坦：「你為什麼能在這短短的幾個月中完成這麼多重要的研究工作呢？」

愛因斯坦笑笑說：「我想是好奇心讓我思考研究，專心一致使我能完成理論的創作吧！更重要的，是我的童心和晚熟。」

德瑞問：「我更不懂了，童心和晚熟怎麼會造成你的成功？」

愛因斯坦回答說：「一般成年人不會思考時間和空間的問題，因為這是他們年紀還小的時候，就已經想過的問題。我因為發展得晚，到成年才開始對時空的問題好奇，所以能有比小孩更深入的追究。」

德瑞說：「那你能不能帶我看看你小時候的情形呢？」

愛因斯坦說：「當然，讓我們把這時空列車，開回到 1880 年代的德國。」他一動手中的控制器，火車就轟然一聲往回倒開。

思考獨立的求學時代

　　德瑞只見他來到了多瑙河邊一個老城烏爾姆。城裡的路又彎又窄，可是卻有很多高大的教堂。忽然聽見一陣哇哇哭聲，有一對恩愛的夫妻，正在慈藹的哄逗著一個腦袋特別大的男嬰。

　　火車猛然一衝，身邊的愛因斯坦，變成一個六、七歲大的男孩。他們家搬到了慕尼黑，在一個小木屋裡，一位老師正在教小愛因斯坦拉小提琴，而鋼琴前坐了一位很有氣質的婦人。

15

德瑞正想跟這些人打招呼，愛因斯坦轉過身來對德瑞說：「德瑞，因為只有你和我在作時空旅行，所以現在別人看不到你。」

德瑞問愛因斯坦：「你喜歡小提琴嗎？」愛因斯坦說：「我媽媽熱愛音樂，一定要我學，小時候雖然很不情願學，可是後來小提琴竟然成了我的最愛。我思考困難問題的時候、心情不好的時候，就全靠拉小提琴使我神清氣爽。」

德瑞想到他自己小時候也是被父母逼著學鋼琴，現在忽然覺得練習鋼琴也不是件壞事。

16

德瑞對愛因斯坦說:「你小時候一定很聰明?」愛因斯坦笑著說:「哈哈!其實我開始說話比一般人晚得多,因為我想等到會說完整的句子才開口。剛上小學的時候,老師也以為我智力有問題。我回答問題之後,總要自己再喃喃自語,重覆一次。我需要確定自己沒弄錯,也想讓自己記住正確的答案。」

德瑞說:「可見你從小求學的態度就特別認真。」

愛因斯坦說:「對!我的爸爸媽媽很愛我,也很重視我的教育。爸爸和叔叔的電工生意做得並不成功,可是還花錢替我請家教。

「有一次我生病在家,爸爸買了一個指南針給我玩。我被那總是指著南北方向的針完全迷住了,對那神祕無形的磁力極感興趣,非要自己找到答案不可。這是我生命中第一個奇蹟。」

德瑞問他:「你在學校裡的功課怎麼樣呢?」愛因斯坦說:「我不管大人怎麼想,只把注意力集中在我感興趣的科目上。小學時代是數學和拉丁文,因為我覺得這兩門課都很合邏輯。」

時空列車再往前走，到了 1890 年。

愛因斯坦的父母親依當時歐洲猶太家庭的習俗，每週請一個窮學生到家裡來吃飯。這名學生叫陶牧，就讀醫學院。陶牧看出愛因斯坦無窮的求知慾望，於是從最新科學發明到數學，甚至於哲學，都跟才十一歲的愛因斯坦講，把他當大人看待。

十二歲的時候，愛因斯坦發現了第二個奇蹟——幾何學。某天，陶牧送他一本幾何學課本。幾何學能用清楚而肯定的邏輯，去證明或解決問題，這深深吸引住愛因斯坦。他一個人花了幾個月，把整本課本讀完，甚至連陶牧的幾何學都趕不上他了。後來愛因斯坦說，這本幾何學課本對他的影響，是日後成為一個科學家最重要的因素。

　　中學時代的愛因斯坦，剛開始功課很好，可是漸漸的他對學校嚴格又呆板的方式，失去興趣。所有的老師中，他只喜歡若艾斯博士。後來，愛因斯坦三十歲的時候，回學校探望他。老師看見愛因斯坦穿著破舊，不但認不出他，還以為是來找他借錢的，愛因斯坦就很快的告辭了。

　　十五歲的時候，父親為了挽救自己的生意，全家搬到義大利北部的米蘭，把愛因斯坦一個人留在德國。愛因斯坦的爸爸媽媽很重視他的學業，希望他能順利完成高中，進入大學，同時他們也鼓勵孩子獨立。這獨立的個性，也是日後愛因斯坦一生不在乎生活小節，瀟灑自如的因素。

可是，愛因斯坦對德國的中學討厭極了。沒多久就離開了德國，到義大利和家人團聚。他甚至還放棄了德國國籍。相反的，他非常喜歡義大利，覺得義大利人都很有文化藝術氣質，義大利的語言文字也很美。

愛因斯坦再補了一年高中課程之後，進入瑞士蘇黎士的聯邦技術學院就讀，是那個大學當時收過最年輕的學生。他跟大學裡唯一的女同學米列娃，因為興趣相近而感情漸深。

當了大學生的愛因斯坦更是自由獨立了，他專心的追求自己的興趣。他的時間多半花在跟別人討論最新的物理理論，或是生命的哲學意義。他只挑喜歡的課聽，大部分的課都不去上。因為他很討厭考試，畢業考也差點過不了關，所以教授們對他的印象都很不好，有的說他是懶狗，有的說他會一事無成。

愛因斯坦一直嚮往教書工作，所以畢業後想留在學校當助教。可是由於他的教授們覺得他在大學裡的表現不好，因此申

請助教一再失敗。後來，經過朋友幫忙介紹，才找到瑞士專利局的工作。

德瑞說：「瑞士專利局？這不就是我們時空旅行剛開始的地方？」愛因斯坦說：「哈哈！對！我們繼續看看我那幾篇論文發表以後的幾年。」

理論得證的辛勞中年

時空列車順著時間方向往前移動。

德瑞對愛因斯坦說：「我真佩服你的天才。你所發表的這些理論，在當時的科學界，沒幾個人懂，更沒幾個人能接受。你的理論是怎麼形成的？又是經過怎麼樣的過程，人們才了解你的理論是對的？」

愛因斯坦笑著說：「說來其實很簡單，我只要隨身帶著紙筆，不論在哪裡，想到什麼就記下來。這就是理論物理的好處。」

德瑞睜大了眼睛說：「有這麼容易嗎？」

愛因斯坦大笑著說：「哈哈哈！當然不是那麼簡單。我跟你說得輕鬆，其實過程是很辛苦的。首先，我對自然界的物理現象，提出一個假設，然後我需要證明這假設是正確的，這樣才會被認證成為一個理論。」

「比如說，如果我們坐時空列車往回跑，可以看到歷史上曾經有很多想像力豐富的人，提出過對時間的奇特看法。人們

對宇宙天文更有無限的幻想。」

德瑞興奮的說:「對！我們一開始說的那個雙胞胎太空旅行的故事，就好像中國神話故事裡說的，天上一日，地上百年。」

愛因斯坦說:「一點兒也沒錯。除了這個以外，還有許多幻想小說也是。我提出的假設，如果提不出證明，就只能被看作是神話故事或幻想小說了。」

德瑞問:「什麼是最好的證明方法呢？」

愛因斯坦說:「最容易讓一般人接受的當然是實驗物理的證據。可是，我提出來的物理現象假設，牽涉的都是不容易作實驗的環境，例如上至天文、星球、近光速的運動，下到原子、電子、光子微細的脈動。當年的科技，都還沒辦法幫忙做有效的實驗。所以我只好用『思考實驗』的邏輯方式，或者是高深數學的推演，來證明我的理論。」

德瑞問:「什麼是思考實驗？」

愛因斯坦說:「比如在我們剛見面的時候，在火車裡用光線和鏡子作實驗，在一般情形下是做不到的。可是利用你的想像力和邏輯思考，你可以同意我的證明，這就是思考實驗。」

德瑞說：「可見對證明你的理論來說，數學是很重要囉？」

愛因斯坦點點頭：「沒錯。我靠好朋友的幫忙，用很多高深數學，才能發表我的這些論文。你還記得在大學裡說我是『懶狗』的數學教授敏高斯基嗎？他在我發表相對論三年以後，用第四度空間來解釋時間，肯定了相對論的正確性。也許他罵得對，如果我當初多花點時間在數學上，後來就不會這麼辛苦了。

「另外，一位美國物理學家米立坎，對我提出來的『光是波，也是粒子』的理論，非常反對。花了十年的時間，作很精細的實驗，想要證明我的錯誤。結果，他發表的結論是：我的理論是正確的。

「後來讓一般大眾可以『看到』的實驗，發生在 1919 年。讓我們去看看吧！等一下車子到站時，你先下車去看熱鬧，再到德國柏林來找我。」

時空列車戛然一聲停下，站名是：英國，倫敦， 1919 年。

這是 1919 年 11 月 6 日星期四的下午。英國皇家天文學會召開會議，討論當年日蝕探訪隊的成果。平常這種會議很少有外人感興趣，可是這一天完全不同，會場內外擠得水洩不通，除了學會會員，還有一大堆新聞記者和其他旁聽的人。

　　原來，這次日蝕探訪的目的，是為了試驗愛因斯坦的理論。愛因斯坦指出，光線經過太陽附近的時候，會因太陽重力吸引而彎曲，這現象只有趁日蝕的時候觀察星光才能證明。劍橋大學教授同時也是天文學家的愛丁頓，經過三年的計畫，幾個月的準備，旅行到非洲（發生日全蝕的地方），終於在日蝕的時候，拍攝到了幾張照片。今天，他們就要宣布他們的結論。

27

　　會議一開始，天文學會會長致詞說，愛因斯坦的理論是人類史上最偉大的成就之一。他的發現是繼牛頓萬有引力理論之後最偉大的貢獻。接著他們宣布，光線折射的程度，正如愛因斯坦理論下的公式所推算的一樣。

　　這個結果一公開，全會場爆出熱烈的掌聲，然後鎂光燈猛閃，新聞記者搶著找電話，趕著打電報，可是，愛因斯坦本人並不在現場，他，在柏林。

第二天早上，德瑞見到在柏林家中的愛因斯坦，嚇了一大跳，才分手不久，愛因斯坦的滿頭黑髮忽然變成眼前的一頭白髮。德瑞問：「為什麼你忽然老了這麼多？」

愛因斯坦回答說：「喔，自從我 1905 年發表了第一篇相對論以後，我一直思考，想擴大它的範圍，包括更多的內容。後來那幾年中，我終於當上了教授，但生活更不正常了，常常整晚熬夜不睡，或忘了吃飯。經過多年的苦苦研究，在 1916 年發表了廣義相對論。長時期的積勞，終於把我壓垮，胃潰瘍使我在病床上躺了半年。」

德瑞滿懷同情的看著他。才四十歲的愛因斯坦，竟然顯得這麼老。這個絕頂聰明的天才，十幾年的燦爛發揮，對全人類科學的貢獻，使他從青年，一下跳到了老年。德瑞對愛因斯坦說：「你看，今天全世界的報紙都刊登了這驚天動地的新聞，說你改寫了牛頓的萬有引力定律，你的照片也出現在各報紙的頭版。」

愛因斯坦說：「嗯，對這突然而來的盛名，我真受不了。今天從早到晚都被記者包圍，煩死了。走！我們離開這個時間，看看我的後半輩子吧！」

備受尊重的安詳晚年

德瑞跟著愛因斯坦回到時空列車上，聽愛因斯坦訴說後來的故事。

自從 1919 年愛因斯坦一夜成名後，世界各地的科學家都紛紛邀請他前去演講。他去了歐洲好幾個國家，還訪問了美國和日本。

1922 年，愛因斯坦乘船往返日本的路上，還前後兩次順道到中國上海訪問。 11 月 10 日，船快要到上海的時候，他在廣播中聽到了自己得到諾貝爾獎的新聞，他心中當然高興，但並沒有什麼特別興奮的表情。事實上，從 1910 年開始，他幾乎每

年都被提名，大多數的科學家認為他早就該得諾貝爾獎了。

1930 年，愛因斯坦訪問美國加州。他對美國一些商人，想利用他的名聲動生意腦筋的主動積極，甚至於不擇手段，很吃不消，可是他喜歡加州的天氣。加州理工學院聘請他為客座教授，歡迎他每年冬天回來講學研究。這同時，英國的劍橋大學也在爭取他。而他當時任教的德國柏林大學，更讓他來去自如。

1933 年，希特勒的納粹在德國得權。因為愛因斯坦一直是個鼓吹反戰的和平主義者，又是納粹最仇恨的猶太人。留在德國，生命每天都受到暴徒威脅，處境也越來越危險。終於，在一次訪問比利時的時候宣布，他不再回德國，決定移居美國。

雖然很多大學想爭取愛因斯坦，但他選擇了普林斯頓高等研究所。普林斯頓是一個很安靜的大學城，氣候四季分明，老式建築的小白屋，有夾道樹蔭遮陽，正適合喜歡安靜生活的愛因斯坦。雖然他不喜歡跟別人打交道，更討厭記者的騷擾，可是他對小孩子總是以慈藹的笑臉相迎，甚至還幫他們回答學校功課的問題。

愛因斯坦定居以後，還不時有人慕名求見。普林斯頓居民幫忙保護他的隱私，都不隨便說他住在哪兒。有一次，接線生接到一通電話詢問愛因斯坦的住址，接線生不願意告訴他，要他留一個名字，只聽見電話另一端很不好意思的說：「我，我就是愛因斯坦。我忘了怎麼回家。」

晚年的愛因斯坦，對世局還很關心。1939 年，他寫信給美國總統羅斯福，建議造原子彈來嚇阻德國，因為他認為德國會發展原子武器。後來，第二次世界大戰爆發。1945 年，美國把原子彈投在日本的廣

島和長崎。愛因斯坦看到傷亡的慘重，心裡很難過，他知道是因為他的物理理論才會有原子彈的發明。四個月後他發表有名的演說：「戰爭勝利，卻無和平。」他希望人類能和平使用原子能。

1949 年，猶太人在以色列建國，愛因斯坦出力很多。 1952 年愛因斯坦被邀請擔任以色列總統，他很堅定的推辭了，他知道自己一點都不適合當政治家。

　　愛因斯坦最後的二十年，一直致力於發展他的「統一場論」。他希望能用同一個理論來解釋重力場和電磁力場。一直到今天，科學家們都還無法完成這個挑戰。

　　德瑞嘆了口氣:「哇！真是精彩！」

　　愛因斯坦說:「好了，我們的時空之旅到此也該結束了。讓我送你回去。你只要閉緊雙眼，五十年時光，一下就過去了。」

　　德瑞閉上眼就覺得天旋地轉，再睜開眼時，發現他躺在自己的床上，手上還握著愛因斯坦的傳記呢！

愛因斯坦 小檔案

1879年	出生於德國多瑙河邊老烏爾姆城的一個猶太家庭。
1880年	全家搬到慕尼黑，在那裡渡過他的童年生活。
1894年	因為家庭家計的關係，全家搬到義大利米蘭。
1896年	進入瑞士蘇黎士的聯邦技術學院就讀，是那個大學當時收過最年輕的學生。1900年畢業。
1902年	任職瑞士專利局。
1905年	發表相對論、布朗運動等五篇改變歷史的物理論文。
1919年	英國天文學家愛丁頓發表日蝕照片，相對論獲得證實。
1922年	榮獲諾貝爾物理獎。
1933年	受德國納粹的迫害，決定移居美國。
1939年	寫信給美國總統羅斯福，建議製造原子彈嚇阻德國。
1955年	病逝於美國普林斯頓。

唐念祖

從小就喜歡看書，臺灣大學土木系畢業後，到美國加州大學的戴維斯和柏克萊留學，先後讀了結構工程和企業管理兩個碩士。他現在舊金山南邊矽谷電腦界工作。興趣廣泛的他，編寫過劇本也演出過話劇，發表過一些文章。他喜歡登山、跳舞、攝影，也喜歡烹飪、閱讀和電影。

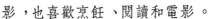

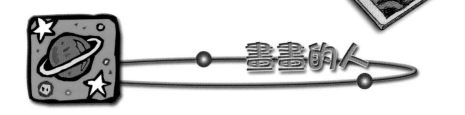

莊河源

能做自己有興趣的工作，對莊河源來說，真的是件很幸福的事。從小就喜歡畫圖的他，退伍之後從事漫畫的工作好長一段時間。他覺得當個漫畫家，真的很辛苦，不過也從中得到許多寶貴的經驗。

走進兒童插畫的世界，已有十多年的時間，除了幫出版社畫插畫之外，他最大的企圖就是希望有更多「圖畫書」的創作，目前也正朝著這個方向努力著 ……。圖畫書作品有：《尋找那一樹》、《臭臭的小臭屁》、《動物嘉年華》等。

兒童文學叢書

小詩人系列

每個孩子都是天生的詩人

您是不是常被孩子們千奇百怪的問題問得啞口無言？
是不是常因孩子們出奇不意的想法而啞然失笑？
而詩歌是最能貼近孩子們不規則的思考邏輯。

現代詩人專為孩子寫的詩

由十五位現代詩壇中功力深厚的詩人，將
心力灌注在一首首專為小朋友所寫的童
詩，讓您的孩子在閱讀之後，打開心靈之
窗，開闊心靈視野。

豐富詩歌意象，激發想像力

有別於市面上沒有意象、僅注意音韻的「兒
歌」，「小詩人系列」特別注重詩歌的隱微
象徵，蘊含豐富的意象，最能貼近孩子們不
規則的邏輯。詩人不特別學孩子的語言，取
材自身邊的人事物，打破既有的想法，激發
小腦袋中無限的想像力與創造力。

詩後小語，培養鑑賞能力

在每一首詩後附有一段小語，提示詩中的意象、或引導孩子創作，藉此培養孩子們鑑賞的能力，開闊孩子們的視野，進而建立一個包容的健全人格。

釋放無限創造力，增進寫作能力

在教育「框架」下養成的孩子，雖有無限的想像空間，卻常被「框架」限制了發展。藉由閱讀充滿活潑想像的詩歌，釋放心中無限的想像力與創造力，並在詩歌簡潔的文字中，學習駕馭文字能力，進而增進寫作的能力。

親子共讀，促進親子互動

您可以一起和孩子讀詩、欣賞詩，甚至是寫寫詩，讓您和孩子一起體驗童詩繽紛的世界。